EL JUEGO DE PELOTA MIXTECA

**VARINIA DEL ÁNGEL
Y GABRIELA LEÓN**

Con la colaboración de Óscar Necoechea

LA OTRA ESCALERA

CASTILLO

Oaxaca

no sólo es uno de los lugares con mayor diversidad natural (alrededor de quince mil especies vegetales), sino también uno de los que tienen mayor riqueza cultural. Ahí viven trece grupos étnicos y se hablan quince lenguas, además del español. Suchilquitongo se localiza en la Región de los Valles Centrales y su actividad principal es la agricultura. Ahí se *cultiva* también el **Juego de Pelota Mixteca.**

Golfo de México

PUEBLA

VERACRUZ

laguna de Temascal

GUERRERO

Suchilquitongo

Oaxaca

Región de los Valles Centrales

CHIAPAS

Golfo de Tehuantepec

EL JUGADOR

Viajamos al estado de Oaxaca, que está en el sur del país, para encontrarnos con Misael, uno de los mejores jugadores de pelota de la región mixteca.

Primero llegamos a la ciudad de Oaxaca, capital del estado. De ahí, partimos para llegar a casa de Misael con la ayuda de uno de sus amigos; y es que hay mucha gente que quiere y admira a Misael, porque ha llenado de orgullo al pueblo de Suchilquitongo, que es donde él vive.

Misael y toda su familia son personas generosas y platicadoras. Nos recibieron con decenas de limas de un árbol que tienen en su patio; olían y sabían delicioso.

Durante dos horas Misael conversó con nosotras, nos mostró sus fotos y nos habló de las dificultades y la fortuna de ser un jugador de pelota.

Varinia: ¿Quién le enseñó a jugar?

Misael: Mi bisabuelo, abuelo y padre. Y ahora que yo, pues, tengo mi hijo, con él hemos salido. Nosotros pasamos a otro nivel, nacional e internacional, nosotros ya hemos salido del país [a jugar]. Tenemos muestras de unas fotos.

Misael nos enseña algunas fotografías donde él y su hijo aparecen sin camisa, con taparrabos y sandalias, es decir, en su carácter de jugadores de pelota.

Varinia: ¿A qué lugares han ido a jugar?

Misael: A Alemania, Los Ángeles, Tucson...

Gabriela: ¿Y cuando van a otro país encuentran con quién jugar?

Misael: ¡Sí! Vamos a Estados Unidos, ahí hay muchos latinos, tenemos amigos allá... N'ombre, si nos han tocado buenas contiendas, eso a nosotros nos llena de orgullo.

A un lado de donde conversábamos estaba un perico; sus gritos y silbidos no parecían muy importantes, hasta que, a la hora de escuchar la grabación de la entrevista, nos dimos cuenta de que la voz de Misael apenas se oía; en cambio el perico se dejaba escuchar con toda claridad.

Pero volvamos con Misael.

En el juego de pelota mixteca existe la costumbre de apostar, aunque esto a veces trae problemas. Sin embargo, hay una razón de fondo, no se trata sólo de dinero...

Misael: Aquí se juega harto dinero, nos jugamos cinco juegos de cien pesos y diez mil pesos a la ventaja, pero ya son compromisos [pactados] desde antes, aunque estemos en condiciones económicas pésimas. Y apostamos porque antes, el que ganaba o el que perdía... lo mataban, pues.

Misael se refiere a que, en la época prehispánica, quienes perdían el juego frecuentemente eran sacrificados como parte de un ritual religioso. Sin embargo, cuando se necesitaba que el sacrificio tuviera mayor valor, eran los ganadores los que debían ser sacrificados.

Varinia: Bueno, ahora se pierde dinero, pero no la vida.
Misael: Sí, pues, en cada juego esto siempre ya es una regla.

Misael nos platicó que hay cerca de ochocientos equipos de juego de pelota en todo Oaxaca y que se juegan dos tipos: la pelota mixteca y la pelota zapoteca.

Él pertenece a una familia que va en la quinta generación de jugar pelota mixteca. O sea que el bisabuelo de Misael, su abuelo y su papá formaron la primera, la segunda y la tercera generación dedicada a este juego; el hijo de Misael pertenece a la quinta y la familia espera que la tradición se mantenga.

Misael, su hijo y su papá: tres generaciones del juego de pelota.

EL GUANTE

Cuando Misael nos mostró su guante no pude evitar preguntarle cómo hace para cargarlo durante las cuatro horas que dura el encuentro, ¡pesa siete kilos! Tuvimos que apoyarlo en nuestras piernas para sostenerlo, pero él se lo puso y levantó el brazo sin ninguna dificultad.

Fue en ese momento cuando nos habló de la importancia que tiene para toda su familia jugar pelota, por lo que dedica mucho tiempo a los entrenamientos y a tener una buena condición.

Varinia: ¿Cómo le hace para levantar este objeto tan pesado? ¿Hace algunos ejercicios especiales para mantenerse en buena condición?

Misael: Es que yo juego desde los ocho años, pero también hago muchas cosas. Primero entreno varios días de la semana y juego cada domingo. Y cuando tenemos invitación a una fiesta, me ofrezco a cargar todo lo que se puede, para hacer fuerte mi brazo. También le ayudo a mi esposa en todas las labores de la casa donde hay que hacer fuerza.

Varinia: ¿Podría mostrarnos cómo tira con su guante puesto?

Misael levantó el brazo en forma diagonal hacia arriba. Así se ve a la hora de tirar en los partidos.

EL COMPROMISO Y LA TRADICIÓN

Para los jugadores de pelota mixteca o peloteros de hoy jugar tiene tanta importancia como para los antiguos mexicanos, por eso llaman compromiso a sus encuentros deportivos.

Misael: Nosotros llamamos *compromiso* a un encuentro, o sea que cuando alguien me dice: "¿Qué, no juegas... pues cuándo?", entonces nos ponemos de acuerdo. "Sí, órale, va..." y quedamos comprometidos al juego. Por eso decimos que es un *compromiso*. También hay juegos informales, pero cuando es compromiso se tiene que llegar, y puntual; el que no llega a la hora pierde y también pierde un depósito de dinero que se deja ahí.

Misael nos presentó a su papá, un señor de 60 años que todavía juega pelota, pero, sobre todo, ahora es juez en los compromisos. Él le enseñó a jugar. Ahora Misael le enseña a su hijo para continuar con la tradición. Juntos forman parte de la quinta (el equipo) Juego de Pelota Oaxaca. Esta quinta es una de las más populares y de las que más ha viajado.

Misael: No hay escuelas de juego de pelota mixteco. Yo enseñé a mi hijo y también preparo a otros muchachos aquí, en mi patio. Tengo una cancha familiar. Ya cuando están listos los mandamos a jugar.

Después de cada encuentro, sin importar quién gane o pierda, todos asisten a una comida que incluye tacos de cecina y tasajo, chapulines, empanadas, las deliciosas tlayudas y refrescos o mezcal de gusano, que es una bebida que se elabora en esta región del país.

El Manco salva una bola baja. En la página siguiente, Aby realiza un saque.

SALVAJUEGOS
Cuando hay empate, se le anota un punto extra a la quinta que lanza la bola hasta el salvajuegos contrario.

CHACERO
Árbitro que anota los tantos marcando con una raya donde cae la bola.

RAYEROS O RESTOS LARGOS
Su tiro debe atravesar la cancha hasta el extremo contrario

EL SAQUE
Este jugador dice: "va de bueno" y lanza la pelota contra el botadero para enviarla al equipo contrario.

72 m

BOTADERO
Pesa 30 kilos. Si la pelota da dos botes, el saque no vale.

LAS REGLAS

Cada compromiso o encuentro se compone de cinco partidos. Cada partido se forma con tres juegos y cada juego está formado por cuatro tantos. Se llama tantos a las anotaciones. La primera anotación vale quince puntos, la segunda treinta, la tercera cuarenta y la cuarta anotación se llama juego. Las anotaciones se marcan cuando la pelota cae al suelo y al término de cada partido las quintas se intercambian el lado de la cancha. Hay que observar que la cancha no es igual de los dos lados.

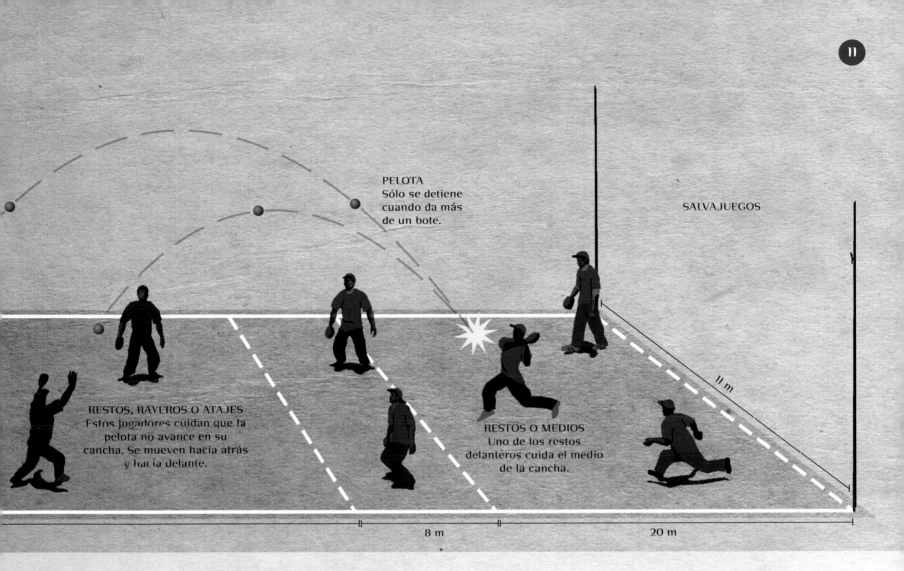

PELOTA
Sólo se detiene cuando da más de un bote.

SALVAJUEGOS

RESTOS, RAYEROS O ATAJES
Estos jugadores cuidan que la pelota no avance en su cancha. Se mueven hacia atrás y hacia delante.

RESTOS O MEDIOS
Uno de los restos delanteros cuida el medio de la cancha.

11 m

8 m

20 m

La quinta triunfadora es la que gana tres o más partidos. A veces el perdedor pide la revancha, por eso los compromisos pueden durar hasta cuatro o cinco horas y no debe haber recesos.

Misael nos invitó a ver jugar a su hijo en un compromiso muy importante que hubo entre la quinta Ahijados, del Distrito Federal, y la suya. Se llevó a cabo en Zinaxtla, cerca de Nochixtlán, Oaxaca. Allí conocimos a José, el juez que venía de México. El juez no sólo debe ser un hombre mayor de sesenta años, sino también un jugador experto y de reputación intachable.

Lo primero que nos recomendó don José fue que buscáramos un lugar seguro para sentarnos. Sucede con frecuencia que el público es lesionado por la pelota que viene muy rápido y con mucha fuerza.

Nos subimos a una pequeña loma desde donde se veía el campo de juego completo y a cada uno de los jugadores en sus posiciones.

El rayero de la quinta los Ahijados devuelve la pelota a la quinta Oaxaca.

LA EVOLUCIÓN DEL JUEGO

Con ayuda de los peloteros y los artesanos, la variedad de juego de pelota de la región mixteca se ha modificado en poco tiempo. El guante que se utiliza ahora es mucho más pesado que en el pasado prehispánico, lo que hace el golpe más fuerte.

La pelota con la que antes se jugaba era de caucho, una resina que se obtiene del árbol del hule. Ahora es de hule vulcanizado y su bote es más veloz.

El Güero Guantero es quien hace las pelotas y los guantes. Él enseñó a su hijo este oficio. Actualmente son los únicos que saben cómo elaborar con maestría la antigua pelota de caucho y los guantes. A ellos se debe, en gran medida, que estos dos elementos básicos del juego de pelota hayan cambiado.

Antigua pelota de caucho.

Esta vulcanizadora especial para pelotas fue ocurrencia del Güero Guantero.

La pelota se decora con goma.

Leobardo: Mi nombre es Leobardo Pacheco Vázquez. Soy hijo del señor Agustín Pacheco Morgan, el que es ahorita la cabeza de esta fabricación. Él aprendió por medio de mi abuelo Daniel Pacheco Ramírez. Aquí en Oaxaca somos los únicos que hacen guantes; los guantes de todos los jugadores los hicimos nosotros. Ésta ya es una tradición de nuestra familia, nada más.

Leobardo nos contó cómo empezó a interesarle el oficio de guantero.

Leobardo: Yo ahorita voy para diecisiete años que seguí con esta tradición. Empecé pintando el guante. Mi papá me iba diciendo "ahora ponle este [color], ahora este otro". Cuando [mi papá] acababa [de trabajar], me pagaba; aunque él hacía todo, [me pagaba] nomás por venir a acompañarlo. Yo siento que él, pues me daba una gratificación y a la vez iba yo aprendiendo a conocer las piezas y así me fui entusiasmando. Y ahora es al revés, ahora él es mi chalán *(risas)*. Este trabajo es muy rudo, pero nos sentimos orgullosos.

Gabriela: ¿Y ustedes no juegan pelota?

Leobardo: Yo sí, y mi papá también jugó, con cualquiera de las dos manos.

Gabriela: ¿Entonces usaba dos guantes?

Leobardo Sí, el izquierdo y el derecho.

Gabriela: ¡Pero si son pesadísimos!

Leobardo: Sí, pero antes eran más livianos... es que la pelota antes era más chica, de caucho. Por eso la pelota avanzaba menos y dolía menos si le dabas un golpe. Antes, hacer el guante era fácil, nada más cuero cocido con la forma de la mano, pero mi abuelo empezó a meterle clavitos aquí a donde va la costura y vio que la pelota iba más rápido y ya era más emocionante el juego, entonces ya empezó a tener más encargos.

A este juego le falta mucha difusión. Es que se les hacen muy complicadas las reglas, pero es fácil, es parecido al tenis el conteo...

Con el martillo se da forma a las capas de cuero y se colocan los clavos.

Leobardo prueba el guante terminado. Las fotos de abajo muestran dos pasos del proceso: la adición de capas de cuero y la perforación para hacer los ojillos de la correa.

Agustín Pacheco Morgan, conocido por todos como Güero Guantero, nos contó la manera en que empezó a fabricar los guantes, cuando estaba en segundo de primaria.

Gabriela: ¿Y usted con qué empezó? Quiero decir, ¿primero jugó o primero empezó a hacer los guantes?

Güero Guantero: Primero empecé a hacer esto de los guantes, una cosa chistosa, creo, porque yo nada más cursé hasta el segundo año de primaria. Me gustaba mucho hacer este trabajo que veía yo que mi papá hacía. Él ya no jugaba porque era viejo; había sido uno de los jugadores buenos de su época.

Yo comencé a entrarle de lleno a este trabajo a la edad de doce años. Cuando iba a la escuela, a veces salía, hacía yo mi tarea, me iba y le agarraba yo de escondidas el material a mi papá, porque quería hacer mi guante yo mismo. Cuando acabé se lo enseñé a mi papá y fue una novedad para él que estaba bien hecho y me dice "pero ¿quién te enseñó?". "Nadie", le dije, "pues nomás viéndote".

Me emocioné tanto que agarré mi guante y me fui a jugar el domingo. Me gustó tanto que después ya no le agarraba yo el material de escondidas, porque él me decía "ya no hagas eso hijo, si te gusta este trabajo agarra el material que necesitas y hazte tu guante o lo que quieras".

Yo pienso que, ya no existiendo nosotros, posiblemente salga alguien que se interese por hacer esto, pero hay que tener paciencia, aprender de la noche a la mañana no es posible. Si yo que tengo cincuenta y tantos años de hacer esto todavía hay veces que no me salen como yo quiero.

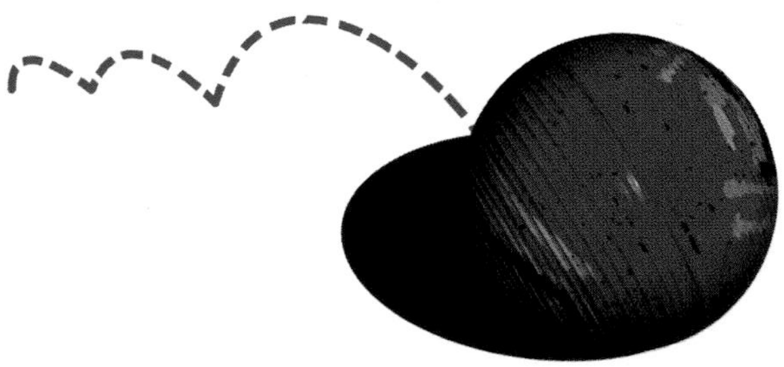

La pelota tiene ranuras para poder jugar cuando llueve.

Aby a veces siente raro que no haya muchos jugadores de su edad.

OTROS JUGADORES DE PELOTA

En Oaxaca hay otros jugadores destacados. Aby (Abigail) tiene trece años y ya es muy bueno. Aquí aparece con los demás miembros de su quinta.

Hay quienes juegan muy bien y son conocidos dentro y fuera de Oaxaca. Uno de ellos es Terror.

DESPEDIDA

El juego de pelota mixteca se ha practicado desde hace más de mil quinientos años, pues empezó a jugarse diez siglos antes de que los conquistadores españoles llegaran a México. En esa época se apostaban joyas y plumas de quetzal. Si los jugadores no tenían riquezas, se apostaban a sí mismos y cuando perdían estaban obligados a servir como esclavos durante cierto tiempo.

Jugar pelota también tuvo la función de ordenar el cosmos o rendir tributo a los dioses o pedirles un favor. Para los actuales habitantes de Oaxaca se trata de una actividad muy importante y se esfuerzan mucho porque no se pierda como tradición.

El juego de pelota no es sencillo, pues, como en todo deporte, hay que aprender muchas reglas y practicar con constancia. Se ha intentado que el juego sea adoptado de manera oficial en las escuelas, pero esto no se ha conseguido.

Foto: Óscar Necoechea

La familia Arango forma la quinta Donají, una de las tres más fuertes del estado. Se han enfrentado a la quinta Oaxaca —donde juegan Misael y su hijo— en innumerables ocasiones.

Oaxaca no es el único lugar donde se celebra el juego de pelota. También se ha practicado en Chiapas, Tabasco, Yucatán, Hidalgo, Querétaro, Zacatecas, Puebla, Michoacán, Veracruz (sobre todo en El Tajín), Jalisco, Nayarit, Sonora y Chihuahua. Además, el juego se ha difundido en otros países, entre ellos Estados Unidos, gracias a que los migrantes oaxaqueños siempre llevan consigo su cultura.

En Oaxaca también hay algunas mujeres jóvenes que se han interesado en este juego y se espera que pronto se les pueda ver participando en los compromisos.

Después de haber conocido los campos de entrenamiento y de juego, que generalmente se encuentran en lugares un poco apartados y rodeados de árboles, regresamos a la ciudad de México, donde aún nos espera una visita al campo Venustiano Carranza, destinado desde hace muchos años al juego de pelota mixteca.

Las autoras agradecen a Misael y Erón, a la familia Pacheco,
a Alejandro Santiago, a Señor Grande, a la quinta Donají
y a los jugadores de la ciudad de México su colaboración
y entusiasmo para la elaboración de este reportaje.